No reproduction without permission.

All rights reserved.

Copyright © Jagraj Verma 2010

The Punjabi Phrasebook

Jagraj Verma

Contents

1. Most common expressions — 1
2. At the airport — 3
3. Introductions — 4
4. Directions — 8
5. At the hotel — 11
6. Medical Issues — 14
7. Shopping — 17
8. At the restaurant — 29
9. Entertainment — 33
10. Problems — 34
11. Changing money — 37
12. General reference information — 38

1. **Most common expressions**

Hello!	Hello
Yes (formal)	**Ji**
Yes/Yeah (informal)	Ha'**an**
I can't speak Punjabi well.	M**a**' ch**a**n**gi** Punjabi nai bo'al skda.
Maybe	Sha'ed
No, thank you	Mehr'bani
I'm sorry	Ma maafi chah-u-na
Excuse me	Ma**a**f k**a**rna
Please	Maaf karna
How much do you want for this?	Ai'd**a** tus**i** kin**a** mangd**a**y'o
Excuse me, where is the restroom?	Ma**a**f k**a**rna, ara'am gah kithay a'?
Do you understand English?	Ki tus**i**'n English ja'and**a**y'o
Do you speak English?	Ki tuh**a**'ano English **a**'andi **a**'
Excuse me	Ma**a**f k**a**rna
Just a minute	Ai'k mint

1

That's alright	Aay th**ee**kh **a'**
What did you say?	Tusi key kanda'y o'
It doesn't matter	Khair a'e
I don't speak Punjabi	M**a**' Punjabi nai b**ou**l skd**a**
I speak only a little Punjabi	M**a**nu tho**u**di ja'e Punjabi andi a'
I don't understand Punjabi	M**a**'nu Punjabi smjh n**ai a**andi
I understand only a little Punjabi:	M**a** sirf tho**u**di jai Punjabi samjh skd**an**
I'm sorry, could you repeat that?	M**a**afi chahna **aa**n, fair d**a**asio
How do you say … in Punjabi?	Tusi Punjabi ech kidan ka'o gay
What does that mean	Aid'a key matlab a'
Please, repeat	F**a**'ir dasio

2. At the Airport

Passport   Passport

Ticket   Tik'cut

Where did you arrive from? Tusin kithon aaye o'

Where are you traveling?   Tusin kithay phir ray o?

How many bags do you have? Tu'aday ko'ol kinay bag na'y.?

3. Introductions

My name is John	Maira naa Jon a'y
What is your name?	Tuhada ki naa a'y
Nice to meet you	Tuano mai'l ka khushi hoi
How are you?	Key haal ay?
Good/ very good	Changa/ boa't changa
And you	Tay tusin?
Alright	Thikh a'ay
So-so	Bus awain ey
Bad	Changa nai
Bye	Changa fa'ir
Goodbye	(if Muslim; Rab Rakha Sikh; Sa't saria kaal)
This is my…	Aay ma'ira ay
… wife	Bivi /bud'di
…boyfriend	Yaar

…girlfriend	Ma'shooq
…son	Put'ter
…daughter	Dhee
I work for	Ma ____ lai kam karna aan
I'm here…	Ma aithay e aan
…on vacation	…… chutian tay
…for work	…..kam lai
…from United States	….. amrika toun
I am married	Ma veaya aan
I am single	Ma kala e aan
Yes	Ha'an
I understand	Ma smjdan aan
Not	Nai
Do you understand	Tainu samjh aa gai
Excuse me/Sorry	Maaf karna/ maafi chahna na

I'm an American	Ma Amriki aan
I live in…	Ma ……rehna aan
I speak English	Ma'nu English aandi ay
Do you speak English?	Ki tan'u English aandi ay?
I speak Punjabi	Ma'n Punjabi bool skda aan
A little	Tohdi jai…
Do you speak Punjabi	Ki tan'u Punjabi aandi ay
Pleasure to do business with you.	Tua'ady naal ka'm kar ka khushi ho'ay gi.
I have an appointment with	Mai'ree ___ na'al taame taay ay
Here is my business card	Aay maira business card ay
I work for	Ma ___ lai ka'm karna aan
Do you want?	Tusi chanday o'
I want…	Ma chana aan
I don't want…	Ma nai chanda
…to eat	…. Khana ay

…to drink …. P**ee**na **ay**

I want to go… M**a**' jan**a** chahna **w**an…

I don't want to go… M**a**' …nai jana chanda

…to the hotel …hotel **t**ay

…to a concert …parte **t**ay

…home …**gh**ar

…to the movies …fil**u**m **t**ay

…for a walk …sair ka**r**an lai

Thank you Mair**b**ani

Please/You're welcome Ko**i** gal nai

4. Directions

General directions

To the left	Khabay
To the right	Sajay
Straight	Sidha
Back	Pichay
Take the first left/right	Pailan khabay/ sajay
Near the building	Makan day kool
Far	Dur
Not far	laagay nai
By foot	Paidal
By car	Ka'ar tay
On the bus	Bus tay
How do I get to	Ma kidan ja sakdan
… the airport	…wai adda?
… the hotel?	…hotel?

… the movie theater?	…cinma ghar?
… the museum?	…ajaib ghar?
… the restaurant?	…hotal?
… the café?	…cafe?
… the mall?	…markeet?
… the gas station?	…gaas station?
… the bazaar?	…bzaar?
… the restroom?	…araam gah?
…the train station?	… Isteshan?
… the street?	…ghali?
Is there…	Aithay…
…a bank?	…bank?
…a bus stop ?	…lari adda?
…a café?	… aik cafe?
…a store?	…aik godam?
…a church?	…aik girja ghar?

…a cinema?	…aik sa**in**ma g**h**ar?
…a currency exchange?	… pa**i**sa ba**dl**aan **di** jaga?
…a drugstore?	…aik duwa**y**in **di** **du**kan?
…a dry cleaners?	…aik **dh**o**bi** **di** **du**kan?
…a gas station?	…aik gas **i**s**ta**tion?
…a hospital?	…aik h**a**sptal?
… a parking lot?	…aik g**a**d**i** kh**a**ra**n di** jaga?
… a restroom?	…aik arm**a**n k**a**rna **di** jaga?

10

5. At the hotel

Hi, I have a reservation	Hello! ma booking krani ay
My name is…	Maira naa ……
I need a room, please	Manu kamra chaida ay
We need two rooms please…	Sanu d'oo kamray chaida na
… with one bed	…aik bistray dy naal
… with two beds	… do bistrian day naal
It's for…	Ay…lai
… a few days	… thore dina lai
… a week	…aik haftay lai
… two weeks	…do haftain lai
Is breakfast included?	… nashta shamal ay?
What time is breakfast served?	Nashta kais time tay mila ga?
Could I look at the rooms?	Ma' kamra daikh skda aan?
What time do I have to vacate the room?	Kamra kais walay khali karna pa ga?
Could I reserve a room, please?	Ma' kamra book kara sakda aan?

Likely answers:

Yes	Ji / Ha'an ji/ kion nai
No	Nai,
We don't have available rooms	Asadaty kamray khali nai
No, thank you	Nai, shukria
I need…	Manu zaroorat ay…
…another blanket	…aik ho'or kambal/khes
…another pillow	…aik ho'or sarhana /takia
…another towel	… aik ho'or taulia /parna
…more soap	… jiada sabun
…a razor	…aik pachchana / ustra/ razor
…a hair dryer	…aik waal sukan aali machine
Please, some more…	Mairbani, tohri jai ho'or...
…tea	… chai
…coffee	…kava/kafi

…water	…pani
…juice	…jose
…milk	…dudh
…bread	…rotti
…eggs	…aanday

Come in	Aajao
Later, please	Baad ich/dair naal, mairbani
I need a taxi, please	Manu taxi chahide ay

6. Medical issues

Major Issues

I need …	Manu chahide ay…
… a doctor	… aik daktar/dagdar/hakim
… a hospital	…aik haspattal
My head hurts	Maira sir jakhimi hoiya ay
My stomach hurts	Maira maida kharab ay
My arm hurts	Maira bazzu jakhimi hoya ay
My hand hurts	Maira huth jakhimi hoya ay
My leg hurts	Maire latt jakhimi hoya ay
My foot hurts	Maira paair jakhimi hoya ay
My back hurts	Maire dhui/ pitth jakhimi hoyi ay
My ear hurts	Maira kaan jakhimi hoya ay
My kidney hurts	Maira gurda takleef ponchi ay
My neck hurts	Mairi gar'dan ich dard ay
My throat hurts	Maira galla kharab ay

It hurts right here	Ainay aithay dard kita ay
The pain is sharp	Darad/pir bohata taiz ay
The pain is not sharp	Darad/ pir bohata nai
It hurts sometimes	Aay kadi kadi takleef dainda ay
It hurts all the time	Aay har walay dukhda ay

I lost…	Maire…gu'm ho gai ay
…my glasses	…maire a'i-na'k
…my contact lenses	…mairay laines
…my prescription medication	…maire dakter di parchi
I have a cold	Ma'nu thand lag gai ay
I need some aspirin	Manu Aspirin chahidi ay
I have a fever	Ma'nu bukhar /tap ay
I feel dizzy /aa'nday na	Ma'ira sir bhaunda /chakar
I have a…	Maira kaul' …

High blood pressure	Taiz blood pressure
Asthma	Dame da rog
Diabetes	Shugar

7. Shopping

Hello/Hi	Ha'an ji
I need help, please	Ma'nu tohadi madat chahidi ay
I'm just looking.	Ma' siraf vaikh ria aan
Yes, please	Ji, daso
No, thank you.	Nai, shukaria
Could I try this on please?	Ki ma' anu pa'a ka vaikhan?
How much does this cost?	Aiday kinay paisay hon ga?
I like this	Ma'nu a'y pasand ay
I don't like this	Ay Ma'nu pasand nai
That's too expensive	Bohat mahnga ay
Could you lower the price?	Kinay ghat ho sakday na?
Is this on sale?	Ki ay vikao ay?
I'll take this	Ma' a'nu laan ga

Clothes

I need to buy...	Ma' … laina chahna aan
…a belt	…aik peti / bilt
…a bathing suit	…aik nahan wala joda
… a coat	…aik ko't
… a tie	… aik tai
… a bra	…aik brazer
…panties	…nekar
…a sweater	… swetar
…a shirt	…shart
…a jacket	…jakat
… socks	… juraban
…pants	…pants
…jeans	…Jeenz
… briefs	… duharfi
…boxers	… baksar
…gloves	…dastana

…shoes	… jutti
…a skirt	… ghagra
… a hat	…topi
…a jacket	…jaket

Do you have this in…	ki tuhaday kol andar ay…
…black	…Kaala
…blue	…Neela
…brown	… Bhura
…green	…sabaz
…gray	…slaite
…pink	…gulabi
…red	…laal
…white	…safaid / chita
…yellow	…peela

Payment

Do you take…	…ki tusi lia
…credit cards?	…kradit kaards?
…cash?	…naqdi?
…dollars?	…daalar?
…checks?	…check?

Likely responses

Can I help you?	Ma tuadi madad kar sakda aan?
Do you need anything else?	Tua'nu koush ho'or chahida ay?
What would you like?	Tua'nu ki chan'ga lagda ay?
Yes, of course	Nai, bilkul
No, I'm sorry	Nai, ma'afi chahna aan

Disputes

This is a mistake	Ay ghalti ay

Food

Hello	Hailo
Where is the supermarket?	Wadi markeet kithay ay?
Where is the store?	Store/godam kithay ay?
I need some help	Ma'nu madad chahidi ay
I'd like to buy	Ma' kharidna chahna aan
Where is the…	…Kidar ay
Bread	Ro'ti
Eggs	Anday
Butter	Makhan
Sour cream	Khati imli
Rice	Chawal
½ kilos	Addha kilo
¾ kilos	Po'na kilo
1 kilo	Ek kilo
2 kilos	Do' kilo

3 kilos	Tin kilo
4 kilos	Char kilo
Meat	Gosht
Beef	Gao da gosht
Pork	Sur da mas/gosht
Chicken	Murgi da gosht
Lamb	Mamni/ leli/bakri da gosht
Mutton	Behd da gosht
Veal	Veel da ghost
Fish	Machchi

Fruit

Strawberry	Strabrey
Apple	Seu/ Saib
Apricot	Khurmanni
Banana	Kele di phali

Cherry	Charey
Grapefruit	Grapfrut
A melon	Kharbuja
Pear	Nashpati
Pineapple	Annanas
Grapes	Angoor
Strawberry	Strabrey
Raspberry	Ras bhari

Vegetables

Carrots	Gajar
Cabbage	Gobhi
Eggplant	Vtaaon
Mushrooms	khumb
Peas	Matar/ Phali
Green peppers	Sabaz Mirch

Red peppers	Lal Mirch
Potatoes	Aalo

Drinks

Wine	Sharab
Beer	Bir sharab
Vodka	Wodka
Whiskey	Viskey
Cognac	Kognak
Milk	Dudh
Mineral water	Sa'af pani / manral water
Juice	Ras/ Joose
Tea	Chai
Deserts	Jangal
Chocolate	Chauk'late
Cake	kek/ Malpura

Ice cream — As'creem

Condiments

Where is... — ...Kithay

...the sugar? — ...cheeni?

...the salt? — ...namak?

...the tea? — ...chai?

...the ketchup? — ...kaitchup?

...the sour cream? — ...khati imli?

...the mayonnaise? — ...maionez?

...the vinegar? — ... sirka?

Electronics

Hello — Hailo

I need to buy... — ...Ma khareedna chana aan

...batteries — ...baatri

…a camera	…kaim'ra
…CD player	…sidi plai'er
…headphones	…hadfone

Smoking items

Hi, I need…	Hi… manu lor ay/ chahida ay
…a pack of cigarettes	…sigat di dabi
…two packs, please	…do dabian
…three packs	…tin dabian
…a lighter	…laiter
…some matches	…kujh machsan (matchsaan)

Shopping for drugs

Where is the pharmacy?	Maidikal store kithay ay?
Hi, I need...	…manu chahidi ay
…some aspirin	…kujh asprin
…a bandage	…ek patti
…some antiseptic	…kujh antisaptik

...insect repellent …jaraseem kush

...lip balm …hontan tay laan wali kream

I need medication for… Ma'nu… elaaj di zaroorat ay

...bites … waddhna di

...cold … pala/sardi/thand

...headache … sir pir/ sir dard

...flu …zukaam

...sunburn …garmi lagna

Do you have... Ki tohaday kol... hay

...shaving crème? …shaaing kreem?

...razors? …raazer/blad?

...some soap? …sabun?

...some sunscreen? …suraj tu bachan wala parda?

...some tampon ? …kujh kpah?

…some toilet paper?   …teshu paiper?

…some toothpaste?   …kujh tooth paist? Dand saaf karan wali kareem?

…some mouthwash?   … kujh munh dohan lai?

Miscellaneous Items

I need…   … manu chahida ay

…a pen   … kalam

…a guidebook   … rahbari wali kitab

…a bag   …ek bsta/ guthli

…a map   …naqsha

…a postcard   …khat nal baijhan wala kard

…some paper   …kujh paiper

…fork   … Tangali / Dusangar

…knife   … churi

…a flashlight   …lash'ka'ray wali / taiz roshni

8. At the restaurant

Hello	Hailo
I need a table please	Ma'nu maiz chahidi ay
I need a table…	Ma'nu ek maiz chahidi ay …
… for two	…do' lai
… for three	…tin lai
… for four	…char lai
Can we sit outside?	Asi'en baar baih jaia?
I'd like to see the menu, please aa'n	Ma' pailu maneu waikhna chahna
Can we sit inside, please	Asin andar baih jaya
I have a reservation	Mairi booking ay
I'd like to make a reservation	Ma' booking karana chahna aa'n
Do you have an English menu?	Tuady kol maneu angraigi ich ay?

Drinks

Could you bring me the wine list?	Ki mairay lai sharab da manu liya sakda o'?
Could I have some…	Kia ma kush … … saknan
…wine?	…sharab?
…beer?	…sharab?
…vodka?	…wodkaa?
…whiskey ?	…viski?
…milk?	…dudh?
…mineral water?	…menral waatr/ saaf pani?
…orange juice?	…Maaltay da ras?
…grapefruit juice?	…chakotra da ras?
…apple juice?	…saib da ras?
…tea?	… chai?
I'd like a glass of…	Manu ek glaas ..daio
…red wine	…laal sharab
…white wine	…Safaid Sharab

I'd like a bottle of…	Ma' ek botal…la ga
…red wine	…laal sharab
…white wine	… Safaid Sharab

Other drinks

Beer	Sharab
Vodka?	Wodkaa?
Whiskey ?	Viski?
Milk	Dudh
Mineral water	Manral water / saaf pani
Juice	Ras
Tea	Chai

I'd like some…	Ma'nu…psand ay
…soup	…shorba/soup
…salad	…salaad

Deserts

Cake	Kake
Chocolate	Chauk'late
Ice cream	As'creem

General food categories

Meat	Goshat
Beef	Gao da goshat
Pork	Sur da mas/goshat
Chicken	Murgi da goshat
Lamb	Mamni/ leli/bakri da goshat
Mutton	Behd da gosht
Veal	Veel machli da ghost
Fish	Machli
Sturgeon	TarTi

9. Entertainment

Is there a nightclub nearby?	Ki nazeedk chay naight klub ay?
Where is the museum?	Ajaib ghar kithay ay?
Where is the nightclub?	Night klub kithay ay?
Where is the theater?	Sainma ghar kithay ay?
Where is the zoo?	Chiria ghar kithay ay?
Where is the swimming pool?	Tari lai jaga kithay ay?

10. Problems

Police	Pulees
I have a complaint	ma' ek shikaat darj karani si (c)

Lost items

I have lost…	Maira … goum ho gia ay
…my passport	…maira passport
…my documents	…maira kagzaat
…my ticket	…maire tekat
…my wallet	…maira batwa/purs
…my bag	…maira bag/basta
…my clothes	…maira kapray
…my glasses	…mairi ai'nak

Defective items

I bought this recently…	… ma' hunay e lita ay

…at the store	…store/dukan/ tu
…at the bazaar	…bazaaron
This item is defective	Ay…..na'kas ay.
I have the receipt	Mairay kool raseed ay
I don't have the receipt	Mairay kool raseed nai
I need a refund	Ma' wa'pes karna chahna aan
I want to exchange the item	Ma' bdlana chahna aan
I need to see the manager	Ma' mnager naal milna chahna aan

11. Changing money

Bank	Bank
Money exchange	Money axchange/ paisa bdlan di jga
Where can I exchange money?	Ma' paisa kithoon bdla skna aan?
What is the exchange rate?	Bdlaan da kina paaisa ay?
I need to exchange this please	Ma' ay bdlana chahna aan
I need to cash this check chahna aan	Ma' ay check kaish karwana
Here is…	Aithay….ay
…my passport	…maira passport

12. General Reference Information

When	Ka**do**on
Right now	Hun**ai**n
Later	B**a**ad ich
Not right now	H**a**li n**ai**
Maybe	H**o** Sak'd**a** ay
Where	Ki**th**on
Here	Ai**th**ay
There	O**th**ay
Far/Not far	D**u**r/ D**u**r N**ai**/ Nazd**e**k
Good	Zaba**r**dast/Cha**n**ga/ wah bahi wah
Bad	Bh**ai**ra/ kharab/ dusht
Expensive	Mahnga/Payara
Cheap	Sas**t**a/ suw**a**lla
What time is it?	Ki t**ai**me ho**y**a ay?
How much?	Kinay?

One	Ek
Two	Du/do
Three	Tin
Four	Char
Five	Panj
Six	Chhe
Seven	Satt
Eight	Ath
Nine	Nau
Ten	Das
Eleven	Yaran/Girah
Twelve	Barah
Thirteen	Terah/Teran
Fourteen	Chaudan
Fifteen	Pandraha
Sixteen	Solah

Seventeen	Satarah
Eighteen	Atharan
Nineteen	Unni
Twenty	Vi
Thirty	Ti
Forty	Chali
Fifty	Panjah
Sixty	Satth
Seventy	Sattar
Eighty	Assi
Ninety	Nawe
One hundred	Ikk sau
Two hundred	Do sau
Three hundred	Tin sau
Four hundred	Char sau
Five hundred	Panj sau

Six hundred	Chhe sau
Seven hundred	Satt Sau
Eight hundred	Ath Sau
Nine hundred	Nau Sau
One thousand	Ikk hazar
Two thousand	Do hazar
I have	Mairay kool
You have	Tairay kool